AF193413

Historias en ruso
Nivel A1 - Libro 2
- CON AUDIO -

Creado para estudiantes de ruso como lengua extranjera

Cómo descargar el audio

Paso 1: Visita SistemaKalinka.com/extras

Paso 2: Usa el siguiente código:

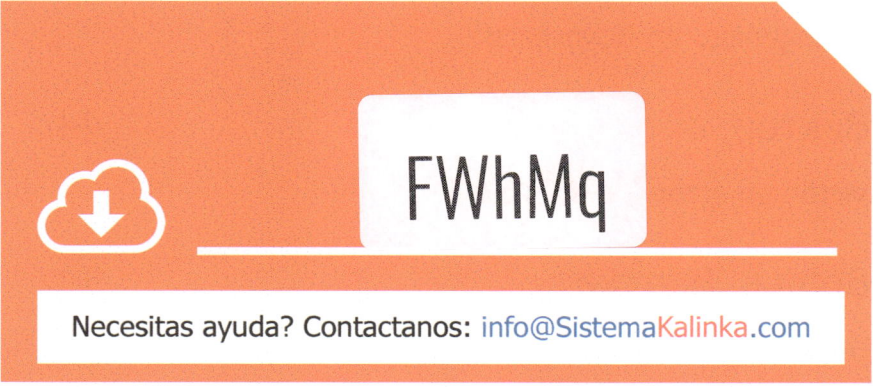

FWhMq

Necesitas ayuda? Contactanos: info@SistemaKalinka.com

Sistema Kalinka
SistemaKalinka.com

Índice

Пило́т в Санкт-Петербу́рге   4

Un piloto en San Petersburgo

От Москвы́ до Луны́   14

De Moscú a la Luna

Моя́ подру́га живёт в Со́чи   24

Mi amiga vive en Sochi

Инжене́р в Новосиби́рске   34

Un ingeniero en Novosibirsk

Ви́ктор, актёр в Москве́   44

Victor, un actor en Moscú

Врач в Яку́тске   54

Un médico en Yakutsk

Рестора́н во Владивосто́ке   64

Un restaurante en Vladivostok

Sistema Kalinka
SistemaKalinka.com

Aprende ruso con nosotros.
Si buscas mejorar tu nivel de ruso,
estás en el sitio adecuado.

Copyright © Sistema Kalinka
Texto: Anastasia Chulkova
Diseño: Sistema Kalinka Team
Imágenes: pexels.com
ISBN - 978-84-16971-55-8
Depósito legal - AS 00403-2024

Пилóт в Санкт-Петербýрге
Un piloto en San Petersburgo

Vocabulario

1. лета́ть	volar
2. пило́т	piloto
3. боя́ться	tener miedo
4. опа́сный	peligroso
5. кро́ме того́	además
6. встава́ть	levantarse
7. ра́но	temprano
8. спать	dormir
9. до́лго	mucho, mucho tiempo
10. бе́лый	blanco
11. све́тлый	luminoso, con luz
12. быва́ть	ocurrir, tener lugar
13. счита́ть	pensar, considerar
14. путеше́ствовать	viajar
15. послеза́втра	pasado mañana
16. у́мный	inteligente
17. пить	beber
18. расска́зывать	contar, relatar
19. ску́чный	aburrido
20. бе́гать	correr
21. поле́зный	sano, saludable
22. еда́	comida
23. кури́ть	fumar
24. пода́рок	regalo
25. футбо́лка	camiseta

Пилот в Санкт-Петербурге

Вы любите летать? Мой друг Антон очень любит летать. По профессии он пилот и живёт в Санкт-Петербурге. Пилот – интересная профессия. Но мне не нравится работа Антона. Вы знаете, почему? Потому что я боюсь летать! Я думаю, что летать очень опасно.

Кроме того, Антон встаёт очень рано. Он должен быть в аэропорту в пять часов утра. В пять часов утра! Я не могу вставать в пять часов утра. Мне нравится спать долго. Поэтому я не хочу быть пилотом. Кто хочет вставать в пять часов утра?

Un piloto en San Petersburgo

¿Os gusta volar? A mi amigo Antón le gusta mucho volar. Es piloto de profesión y vive en San Petersburgo. Piloto es una profesión interesante. Pero no me gusta el trabajo de Antón. ¿Sabéis por qué? ¡Porque tengo miedo a volar! Creo que volar es muy peligroso.

Además, Antón se levanta muy temprano. Tiene que estar en el aeropuerto a las cinco de la mañana. ¡A las cinco de la mañana! Yo no puedo levantarme a las cinco de la mañana. Me gusta dormir mucho. Por eso yo no quiero ser piloto. ¿Quién quiere levantarse a las cinco de la mañana?

Антóну нрáвится жить в Санкт-Петербýрге, потомý что э́то óчень красúвый гóрод. Антóн лю́бит, когдá в Санкт-Петербýрге бéлые нóчи. Вы знáете, что такóе «бéлые нóчи»? Э́то врéмя, когдá нóчью светлó, как днём. Бéлые нóчи бывáют в Санкт-Петербýрге лéтом. Антóн говорúт, что вставáть в пять утрá лéтом óчень хорошó. Я считáю, что спать в пять утрá – ещё лýчше.

Мой друг Антóн мнóго путешéствует. Сегóдня он в Россúи, зáвтра он в Китáе, а послезáвтра ужé в Áфрике. Крóме тогó, он говорúт по-англúйски, по-испáнски, по-францýзски и дáже по-япóнски. Бóже мой! Антóн óчень ýмный. Я говорю́ тóлько по-рýсски. Я никогдá не любúл изучáть языкú.

Пóсле рабóты Антóн идёт в кафé аэропóрта. Пилóты лю́бят там отдыхáть. Онú пьют кóфе и расскáзывают интерéсные истóрии. Когдá ты мнóго

A Antón le gusta vivir en San Petersburgo porque es una ciudad muy bonita. A Antón le encanta cuando en San Petersburgo hay noches blancas. ¿Sabéis qué son las "noches blancas"? Es el momento cuando por la noche hay luz como por el día. Las noches blancas ocurren en San Petersburgo en verano. Antón dice que levantarse a las cinco de la mañana en verano es muy bueno. Yo creo que dormir a las cinco de la mañana es aún mejor.

Mi amigo Antón viaja mucho. Hoy está en Rusia, mañana está en China y pasado mañana ya está en África. Además, habla inglés, español, francés e incluso japonés. ¡Madre mía! Antón es muy inteligente. Yo sólo hablo ruso. Nunca me gustó aprender idiomas.

Después del trabajo, Antón va a la cafetería del aeropuerto. A los pilotos les gusta descansar allí. Toman café y cuentan historias interesantes. Cuando viajas

путеше́ствуешь, у тебя́ мно́го интере́сных исто́рий. А я ма́ло путеше́ствую. Мои́ исто́рии ску́чные.

Анто́н лю́бит занима́ться спо́ртом. Когда́ он в Санкт-Петербу́рге, он бе́гает в па́рке ка́ждый день. Да́же зимо́й! Кро́ме того́, Анто́н не пьёт алкого́ль и не ку́рит. Он ест то́лько поле́зную еду́. Иногда́ мне ка́жется, что Анто́н – супергеро́й.

Сего́дня мы с Анто́ном идём пить ко́фе вме́сте. Он говори́т, что у него́ есть пода́рок для меня́:

– Э́то футбо́лка из Япо́нии. Тебе́ нра́вится?

– Да, она́ о́чень краси́вая. Но что э́то зна́чит? Я не понима́ю япо́нский язы́к.

– Э́то зна́чит «Мой друг не лю́бит лета́ть. Он не хо́чет занима́ться спо́ртом и не лю́бит изуча́ть языки́. Но он мой лу́чший друг».

– Мне нра́вится! Ты лу́чший друг в ми́ре.

mucho, tienes muchas historias interesantes. Pero yo viajo muy poco. Mis historias son aburridas.

A Antón le gusta hacer ejercicio. Cuando está en San Petersburgo, corre en el parque todos los días. ¡Incluso en invierno! Además, Antón no bebe alcohol y no fuma. Sólo come comida sana. A veces me parece que Antón es un superhéroe.

Hoy Antón y yo vamos a tomar un café juntos. Dice que tiene un regalo para mí:

—Es una camiseta de Japón. ¿Te gusta?

—Sí, es muy bonita. Pero, ¿qué significa esto? No entiendo japonés.

—Esto significa "A mi amigo no le gusta volar. No quiere hacer ejercicio y no le gusta aprender idiomas. Pero él es mi mejor amigo".

—¡Me gusta! Eres el mejor amigo del mundo.

Ejercicios - Упражнéния

1 Escoge la preposición correcta
Вы́берите пра́вильный предло́г

1. **По / На** профéссии Антóн пилóт.
2. Он дóлжен быть **в / на** аэропорту́ **в / по** пять часóв утра́.
3. **После / По** рабóты Антóн идёт **в / на** кафé.
4. Антóн бéгает **в / на** па́рке ка́ждый день.
5. **О / У** негó есть подáрок **с / для** меня́.
6. Э́то футбóлка **от / из** Япóнии.

2 Escoge la respuesta correcta
Вы́берите пра́вильный отвéт

1. **Кто бои́тся летáть?**
   a) Антóн b) пилóты с) друг Антóна
2. **Во скóлько встаёт Антóн?**
   a) в пять часóв утра́ b) в вóсемь часóв утра́
   с) в пять часов вéчера
3. **Когда́ в Санкт-Петербу́рге бéлые нóчи?**
   a) зимóй b) днём с) лéтом
4. **Куда́ идёт Антóн пóсле рабóты?**
   a) бéгать b) в кафé с) спать
5. **Какóй у негó есть подáрок для дру́га?**
   a) полéзная еда b) футбóлка с) япóнская кни́га

3 Completa las frases con las siguientes palabras:
Зако́нчите предложе́ния сле́дующими слова́ми:

счита́ю / интере́сные / ка́жется / ка́ждый /
послеза́втра / зна́чит

1. Пило́ты расска́зывают _____ исто́рии.
2. Иногда́ мне _____ , что Анто́н – супергеро́й.
3. Анто́н бе́гает в па́рке _____ день.
4. Я не понима́ю япо́нский язы́к. Что э́то _____ ?
5. Я _____ , что спать в пять утра́ – ещё лу́чше.
6. За́втра он в Кита́е, а _____ уже́ в А́фрике.

4 Combina las columnas:
Соедини́те коло́нки:

1. Анто́н встаёт о́чень   a. ску́чные
2. Но́чью светло́, как   b. ра́но
3. Мои́ исто́рии   c. еду́
4. Анто́н лю́бит занима́ться   d. днём
5. Он ест то́лько поле́зную   e. спо́ртом
6. Ты лу́чший друг в   f. ми́ре

Soluciones:

Ejercicio 1: 1–По, 2–в, в, 3–После, в, 4–в, 5–У, для, 6–из
Ejercicio 2: 1-c, 2-a, 3-c, 4-b, 5-b
Ejercicio 3: 1–интере́сные, 2–ка́жется, 3–ка́ждый, 4–зна́чит, 5–счита́ю, 6–послеза́втра
Ejercicio 4: 1–b, 2–d, 3–a, 4–e, 5–c, 6–f

От Москвы́ до Луны́
De Moscú a la Luna

Vocabulario

1. столи́ца	capital
2. огро́мный	enorme
3. Луна́	Luna
4. космона́вт	astronauta, cosmonauta
5. ко́смос	espacio
6. гото́виться	prepararse
7. полёт	vuelo
8. учёный	científico
9. плане́та	planeta
10. стро́ить	construir
11. раке́та	cohete
12. экску́рсия	excursión
13. де́ти	niños
14. взро́слый	adulto
15. задава́ть вопро́сы	hacer preguntas
16. про́бовать	probar
17. удиви́тельный	increíble
18. пра́вда	verdad
19. но́вость	noticia
20. мечта́	sueño
21. звезда́	estrella
22. ждать	esperar
23. Земля́	Tierra
24. зли́ться	enfadarse
25. смея́ться	reírse

От Москвы́ до Луны́

Приве́т! Меня́ зову́т Ка́тя. Я живу́ в Москве́. Москва́ – столи́ца Росси́и. Э́то огро́мный и о́чень краси́вый го́род. Мне нра́вится жить в Москве́. Мои́ друзья́ ча́сто говоря́т, что я живу́ не в Москве́, а на Луне́. Вы зна́ете, почему́? Потому́ что я космона́вт.

Я рабо́таю в Звёздном городке́. Э́то ма́ленький го́род недалеко́ от Москвы́. Здесь живу́т и рабо́тают лю́ди, кото́рые лю́бят ко́смос. Космона́вты гото́вятся к полётам. Учёные изуча́ют други́е плане́ты. Инжене́ры стро́ят раке́ты и косми́ческие ста́нции. Я ду́маю, что моя́ рабо́та са́мая интере́сная в ми́ре.

De Moscú a la Luna

¡Hola! Me llamo Katya. Vivo en Moscú. Moscú es la capital de Rusia. Es una ciudad enorme y muy bonita. Me gusta vivir en Moscú. Mis amigos a menudo dicen que yo no vivo en Moscú, sino en la Luna. ¿Sabéis por qué? Porque soy astronauta.

Trabajo en La Ciudad de las Estrellas. Es una ciudad pequeña no lejos de Moscú. Aquí vive y trabaja gente que aman el espacio. Los astronautas se preparan para los vuelos. Los científicos estudian otros planetas. Los ingenieros construyen cohetes y estaciones espaciales. Creo que mi trabajo es el más interesante del mundo.

Иногда́ у нас на рабо́те есть экску́рсии для дете́й и взро́слых. Мне нра́вится расска́зывать де́тям о ко́смосе. Они́ всегда́ задаю́т мне интере́сные вопро́сы. Как космона́вты спят? Что они́ едя́т? Что они́ ви́дят из окна́ ста́нции? Кро́ме того́, на экску́рсии де́ти про́буют еду́ для космона́втов. Моя́ люби́мая еда́ – э́то борщ. Борщ – э́то ру́сский суп. В ко́смосе мо́жно есть борщ. Удиви́тельно, пра́вда?

Сего́дня у меня́ есть отли́чная но́вость. Через два ме́сяца я лечу́ в ко́смос! Как я ра́да! Это мечта́ ка́ждого космона́вта. Быть космона́втом нелегко́. На́до занима́ться спо́ртом, мно́го учи́ться и рабо́тать. Сейча́с я гото́ва! Звёзды ждут меня́!

Мой па́па говори́т: «Почему́ ты хо́чешь лете́ть в ко́смос? Это сли́шком опа́сно. В ми́ре есть мно́го профе́ссий. Почему́ ты не врач и́ли актри́са?»

A veces, en el trabajo, tenemos excursiones para niños y adultos. Me gusta contarles a los niños sobre el espacio. Siempre me hacen preguntas interesantes. ¿Cómo duermen los astronautas? ¿Que comen? ¿Qué ven por la ventana de la estación? Además, en la excursión los niños prueban comida para astronautas. Mi comida favorita es el borsch. Borsch es una sopa rusa. En el espacio se puede comer borsch. Increíble, ¿verdad?

Hoy tengo una noticia genial. ¡En dos meses voy a volar al espacio! ¡Qué contenta estoy! Es el sueño de cada astronauta. Ser astronauta no es fácil. Hay que hacer ejercicio, estudiar y trabajar mucho. ¡Ahora estoy preparada! ¡Las estrellas me esperan!

Mi padre dice: "¿Por qué quieres volar al espacio? Es demasiado peligroso. En el mundo hay muchas profesiones. ¿Por qué no eres médico o actriz?".

Я отвечаю: «Папа, не беспокойся. Через четыре месяца я снова буду дома, на Земле. Всё будет хорошо». Папа говорит: «Счастливого пути! Я буду смотреть на небо каждый день и думать о тебе».

Моя дочь очень рада за меня. Ей девять лет. Она говорит: «Мама, я тоже хочу быть космонавтом». А я ей говорю: «Нет, это слишком опасно. Ты не хочешь быть врачом или актрисой?» Тогда она начинает злиться: «Нет! Я хочу быть космонавтом. Я хочу жить на Луне, как ты». Я смеюсь. Это неплохая идея. Мы можем жить вместе в Москве или на Луне.

Yo le respondo: "Papá, no te preocupes. Dentro de cuatro meses voy a estar de nuevo en casa, en la Tierra. Todo va a ir bien." Papá dice: "¡Buen viaje! Voy a mirar al cielo todos los días y pensar en ti".

Mi hija está muy contenta por mí. Ella tiene nueve años. Dice: "Mamá, yo también quiero ser astronauta". Y yo le digo: "No, eso es demasiado peligroso. ¿No quieres ser médico o actriz?". Entonces, empieza a enfadarse: "¡No! Quiero ser astronauta. Quiero vivir en la Luna como tú". Yo me río. No es mala idea. Podemos vivir juntos en Moscú o en la Luna.

Ejercicios - Упражнéния

- - - - - - - - - - - - - - - -

1 Escoge la preposición correcta
Вы́берите пра́вильный предло́г

1. Э́то ма́ленький го́род недалеко́ **до / от** Москвы́.
2. Космона́вты гото́вятся **к / по** полётам.
3. Иногда́ **на / у** нас на рабо́те есть экску́рсии **для / за** дете́й. Мне нра́вится расска́зывать де́тям **у / о** ко́смосе.
4. Я бу́ду смотре́ть **на / по** не́бо и ду́мать **о / по** тебе́.
5. Моя́ дочь о́чень ра́да **за / для** меня́.
6. **Для / Через** два ме́сяца я лечу́ **в / на** ко́смос.

2 Escoge la respuesta correcta
Вы́берите пра́вильный отве́т

1. Кто Ка́тя по профéссии?
   a) врач b) актри́са c) космона́вт
2. Когда́ Ка́тя лети́т в ко́смос?
   a) че́рез четы́ре ме́сяца b) че́рез два ме́сяца
   c) че́рез де́вять лет
3. Кто задаёт интере́сные вопро́сы на экску́рсии?
   a) де́ти b) учёные c) инжене́ры
4. Что тако́е борщ?
   a) еда́ для космона́втов b) ру́сский суп c) плане́та
5. Что де́лают инжене́ры в Звёздном городке́?
   a) гото́вят борщ b) смо́трят на не́бо c) стро́ят раке́ты

3 Completa las frases con las siguientes palabras:
Зако́нчите предложе́ния сле́дующими слова́ми:

пути́ / други́е / мечта́ / про́буют /
огро́мный / взро́слых

1. Учёные изуча́ют _____ плане́ты.
2. У нас есть экску́рсии для дете́й и _____ .
3. Я лечу́ в ко́смос. Э́то _____ ка́ждого космона́вта.
4. На экску́рсии де́ти _____ еду́ для космона́втов.
5. Па́па говори́т: «Счастли́вого _____ !»
6. Москва́ – э́то _____ го́род.

4 Combina las columnas:
Соедини́те коло́нки:

1. У меня́ есть отли́чная   a. Луне́
2. Я расска́зываю де́тям о   b. но́вость
3. Мы мо́жем жить вме́сте на   c. полётам
4. Тогда́ моя́ дочь начина́ет   d. актри́сой
5. Я не хочу́ быть   e. ко́смосе
6. Космона́вты гото́вятся к   f. зли́ться

Soluciones:

Ejercicio 1: 1–от, 2–к, 3–у, для, о, 4–на, о, 5–за, 6–Через, в
Ejercicio 2: 1-c, 2-b, 3-a, 4-b, 5-c
Ejercicio 3: 1–други́е, 2–взро́слых, 3–мечта́, 4–про́буют,
5–пути́, 6–огро́мный
Ejercicio 4: 1–b, 2–e, 3–a, 4–f, 5–d, 6–c

Моя́ подру́га живёт в Со́чи
Mi amiga vive en Sochi

Vocabulario

1. находи́ться		estar situado
2. юг		sur
3. худо́жник		artista, pintor
4. мо́ре		mar
5. гора́		montaña
6. жа́рко		hace calor
7. купа́ться		bañarse
8. ката́ться на лы́жах		esquiar
9. рисова́ть		pintar, dibujar
10. весёлый		alegre
11. карти́на		cuadro
12. гру́стный		triste
13. кора́бль		barco
14. со́лнце		sol
15. приро́да		naturaleza
16. ва́жный		importante
17. продава́ть		vender
18. покупа́ть		comprar
19. вещь		cosa
20. же́нщина		mujer
21. сто́ить		costar
22. улыба́ться		sonreír
23. в конце́ концо́в		al final
24. одна́жды		un día, una vez
25. цена́		precio

Моя́ подру́га живёт в Со́чи

Вы зна́ете, где нахо́дится Со́чи? Э́то го́род на ю́ге Росси́и. Там живёт одна́ моя́ подру́га. Её зову́т Ири́на. Ири́на худо́жница. Ей нра́вится жить в Со́чи, потому́ что там есть мо́ре и го́ры. Ле́том там жа́рко и мо́жно купа́ться в мо́ре. А зимо́й мо́жно ката́ться на лы́жах.

Ири́на лю́бит рисова́ть весёлые карти́ны. Она́ не лю́бит рисова́ть гру́стные карти́ны. Её люби́мые цвета́ – э́то жёлтый, голубо́й и бе́лый. Она́ ча́сто рису́ет мо́ре и го́ры. Вот де́ти игра́ют на пля́же. Вот бе́лые корабли́ в мо́ре. Вот со́лнце и го́ры. Приро́да в Со́чи о́чень краси́вая.

Mi amiga vive en Sochi

¿Sabéis dónde se encuentra Sochi? Es una ciudad en el sur de Rusia. Allí vive una amiga mía. Se llama Irina. Irina es artista. A ella le gusta vivir en Sochi porque allí hay mar y montañas. En verano allí hace calor y puedes bañarte en el mar. Y en invierno, puedes esquiar.

A Irina le gusta pintar cuadros alegres. No le gusta pintar cuadros tristes. Sus colores favoritos son el amarillo, azul y blanco. A menudo pinta el mar y las montañas. Aquí tenemos niños jugando en la playa. Aquí, barcos blancos en el mar. Aquí, el sol y montañas. La naturaleza en Sochi es muy hermosa.

Моя́ подру́га Ири́на не лю́бит изуча́ть языки́. Как жаль! Ей не нра́вится учи́ться. Кро́ме того́, у неё нет вре́мени. У неё то́лько есть вре́мя, что́бы рисова́ть. Как вы ду́маете, изуча́ть языки́ ва́жно? Ири́на ду́мает, что э́то нева́жно. Она́ говори́т, что изуча́ть языки́ – э́то тру́дно и ску́чно.

Ири́на продаёт свои́ карти́ны на у́лице в це́нтре го́рода. Но никто́ их не покупа́ет. Ири́на не зна́ет почему́. Её карти́ны больши́е и краси́вые. Кро́ме того́, в це́нтре го́рода всегда́ мно́го тури́стов. А тури́сты лю́бят покупа́ть ра́зные ве́щи, не так ли? Почему́ они́ не покупа́ют её карти́ны?

Одна́ же́нщина смо́трит на ка́ртину и что-то спра́шивает по-англи́йски. Ири́на ничего́ не понима́ет. Она́ говори́т по-ру́сски: «Э́та карти́на сто́ит две ты́сячи рубле́й». Ка́жется, же́нщина не понима́ет по-ру́сски. Она́ улыба́ется и ничего́ не говори́т.

A mi amiga Irina no le gusta estudiar idiomas. ¡Qué pena! No le gusta estudiar. Además, no tiene tiempo. Sólo tiene tiempo para pintar. ¿Qué pensáis? ¿Aprender idiomas es importante? Irina piensa que no es importante. Dice que aprender idiomas es difícil y aburrido.

Irina vende sus cuadros en la calle en centro de la ciudad. Pero nadie los compra. Irina no sabe por qué. Sus cuadros son grandes y bonitos. Además, en el centro de la ciudad siempre hay muchos turistas. Y a los turistas les gusta comprar diferentes cosas, ¿no es así? ¿Por qué no compran sus cuadros?

Una mujer mira el cuadro y pregunta algo en inglés. Irina no entiende nada. Ella dice en ruso: "Este cuadro cuesta dos mil rublos". Parece que la mujer no entiende ruso. Ella sonríe y no dice nada

Ири́на то́же улыба́ется и ничего́ не говори́т. В конце́ концо́в, же́нщина идёт да́льше. «Как жаль», – ду́мает Ири́на. А вот ещё оди́н тури́ст. Он смо́трит на карти́ну и говори́т что́-то по-францу́зски. Ири́на не понима́ет по-францу́зски. Она́ ничего́ не отвеча́ет, и тури́ст ничего́ не покупа́ет. Ири́на ду́мает: «На́до что́-то де́лать!»

Тепе́рь Ири́на изуча́ет языки́ ка́ждый день. Она́ уже́ немно́го понима́ет по-англи́йски, по-францу́зски и да́же по-неме́цки. Одна́жды оди́н тури́ст смо́трит на карти́ну Ири́ны и говори́т по-англи́йски: «Кака́я краси́вая карти́на! Ско́лько она́ сто́ит?» Ири́на всё понима́ет! Она́ улыба́ется и говори́т це́ну. Как хорошо́, что она́ зна́ет ци́фры по-англи́йски! Тури́ст покупа́ет карти́ну и говори́т «спаси́бо». Ири́на о́чень сча́стлива. Говори́ть на други́х языка́х о́чень поле́зно.

Irina también sonríe y no dice nada. Al final, la mujer sigue adelante. "Qué pena", piensa Irina. Y aquí hay otro turista. Mira el cuadro y dice algo en francés. Irina no entiende francés. Ella no responde nada y el turista no compra nada. Irina piensa: "¡Tengo que hacer algo!".

Ahora Irina estudia idiomas cada día. Ya entiende un poco de inglés, francés e incluso alemán. Un día, un turista mira un cuadro de Irina y dice en inglés: "¡Qué cuadro más bonito! ¿Cuánto cuesta?". ¡Irina lo entiende todo! Ella sonríe y dice el precio. ¡Qué bien que sabe los números en inglés! El turista compra el cuadro y dice "gracias". Irina está muy feliz. Hablar otros idiomas es muy útil.

Ejercicios - Упражнёния

- - - - - - - - - - - - - - -

1 Escoge la preposición correcta
Вы́берите пра́вильный предло́г

1. Зимо́й там мо́жно ката́ться **по / на** лы́жах, а ле́том мо́жно купа́ться **в / за** мо́ре.
2. Де́ти игра́ют **в / на** пля́же.
3. **В / На** конце́ концо́в, же́нщина идёт да́льше.
4. Со́чи – э́то го́род **в / на** ю́ге Росси́и.
5. Он смо́трит **по / на** карти́ну и что́-то спра́шивает.
6. Говори́ть **по / на** други́х языка́х о́чень поле́зно.

2 Escoge la respuesta correcta
Вы́берите пра́вильный отве́т

1. Каки́е карти́ны рису́ет Ири́на?
   a) гру́стный b) весёлые c) ма́ленькие
2. Где она́ продаёт карти́ны?
   a) в це́нтре го́рода b) на пля́же c) в гора́х
3. Ско́лько сто́ит карти́на Ири́ны?
   a) три ты́сячи рубле́й b) пять ты́сяч рубле́й
   c) две ты́сячи рубле́й
4. Где нахо́дится Со́чи?
   a) в це́нтре Росси́и b) на ю́ге Росси́и c) не в Росси́и
5. Кто покупа́ет карти́ну Ири́ны?
   a) оди́н тури́ст b) одна́ худо́жница c) де́ти на пля́же

3 Completa las frases con las siguientes palabras:
Зако́нчите предложе́ния сле́дующими слова́ми:

что́-то / ве́щи / сча́стлива / продаёт /
вре́мени / концо́в

1. Тури́сты лю́бят покупа́ть ра́зные _____ , не так ли?
2. В конце́ _____ , же́нщина идёт да́льше.
3. Ей не нра́вится учи́ться. У неё нет _____ .
4. Ири́на _____ свои́ карти́ны на у́лице.
5. Тури́ст покупа́ет карти́ну. Ири́на о́чень _____ .
6. Одна́ же́нщина спра́шивает _____ по-англи́йски.

4 Combina las columnas:
Соедини́те коло́нки:

1. Вот бе́лые корабли́ в ⟶ a. карти́ны
2. В це́нтре го́рода мно́го ⟶ b. мо́ре
3. Э́та карти́на сто́ит две ты́сячи c. лы́жах
4. Зимо́й мо́жно ката́ться на d. поле́зно
5. Она́ лю́бит рисова́ть весёлые e. тури́стов
6. Говори́ть на други́х языка́х f. рубле́й

Soluciones:

Ejercicio 1: 1–на, в, 2–на, 3–В, 4–на, 5–на, 6–на
Ejercicio 2: 1-b, 2-a, 3-c, 4-b, 5-a
Ejercicio 3: 1–ве́щи, 2–концо́в, 3–вре́мени, 4–продаёт, 5–сча́стлива, 6–что́-то
Ejercicio 4: 1–b, 2–e, 3–f, 4–c, 5–a, 6–d

Инжене́р в Новосиби́рске
Un ingeniero en Novosibirsk

Vocabulario

1. миллио́н	millón
2. челове́к	persona
3. се́вер	norte
4. холо́дный	frío
5. расти́	crecer
6. бы́стрый	rápido
7. лю́ди	gente
8. тёплый	cálido
9. ве́тер	viento
10. надева́ть	ponerse (ropa)
11. пальто́	abrigo
12. ша́пка	gorro
13. перча́тки	guantes
14. зда́ние	edificio
15. эта́ж	piso, planta
16. бассе́йн	piscina
17. пла́вать	nadar
18. день рожде́ния	cumpleaños
19. жела́ть	desear
20. сча́стье	felicidad
21. получа́ть	recibir
22. высо́кий	alto
23. зарпла́та	salario, sueldo
24. о́стров	isla
25. океа́н	océano

Инженер в Новосибирске

Привет! Как дела? Меня зовут Андрей, и я живу в Новосибирске. Говорят, что этот город — столица Сибири. Здесь живёт больше миллиона человек. Мне нравятся большие города. Я живу здесь уже два года.

Раньше я жил на юге, потому что мой родной город — Сочи. Мои родители живут на юге и не понимают, почему я хочу жить в Новосибирске.Моя мама часто спрашивает меня: «Что ты делаешь на севере? Там слишком холодно. У нас есть море и солнце. Что есть у тебя в Новосибирске?» Я отвечаю: «Мама, у меня есть интересная работа».

Un ingeniero en Novosibirsk

¡Hola! ¿Qué tal? Me llamo Andrey y vivo en Novosibirsk. Dicen que esta ciudad es la capital de Siberia. Aquí viven más de un millón de personas. Me gustan las ciudades grandes. Vivo aquí desde hace dos años.

Antes yo vivía en el sur porque mi ciudad natal es Sochi. Mis padres viven en el sur y no entienden por qué quiero vivir en Novosibirsk. Mi madre me pregunta a menudo: "¿Qué haces en el norte? Allí hace demasiado frío. Nosotros tenemos mar y sol. ¿Qué tienes tú en Novosibirsk?". Yo respondo: "Mamá, yo tengo un trabajo interesante".

По профе́ссии я инжене́р. Я стро́ю дома́. Стро́ить дома́ на се́вере – тру́дно и интере́сно. Наш го́род растёт о́чень бы́стро. Лю́дям нужны́ но́вые дома́. В дома́х должно́ быть тепло́, потому́ что пого́да в Новосиби́рске о́чень холо́дная. У меня́ всегда́ есть интере́сные иде́и. Я люблю́ свою́ рабо́ту!

А ещё я люблю́ се́вер. Снег и ве́тер для меня́ не пробле́ма. Я надева́ю тёплое пальто́, ша́пку, шарф и перча́тки. Тепе́рь мне не хо́лодно! Мне нра́вится, когда́ идёт снег. Я смотрю́ в окно́ на бе́лый го́род. Како́е но́вое зда́ние мы бу́дем здесь стро́ить? Где оно́ бу́дет находи́ться? Ско́лько этаже́й в нём бу́дет?

Жизнь в Новосиби́рске интере́сная. Здесь есть мно́го университе́тов. Поэ́тому тут живу́т студе́нты из ра́зных городо́в. Мы с друзья́ми хо́дим в теа́тры и кинотеа́тры, на конце́рты и на вы́ставки.

De profesión soy ingeniero. Construyo casas. Construir casas en el norte es difícil e interesante. Nuestra ciudad crece muy rápido. La gente necesita nuevas casas. Las casas tienen que ser cálidas porque el tiempo en Novosibirsk es muy frío. Siempre tengo ideas interesantes. ¡Me encanta mi trabajo!

Y también me encanta el norte. La nieve y el viento no son un problema para mí. Me pongo un abrigo grueso, gorro, bufanda y guantes. ¡Ahora no tengo frío! Me gusta cuando nieva. Miro la blanca ciudad por la ventana. ¿Qué edificio nuevo vamos a construir aquí? ¿Dónde va a estar? ¿Cuántos pisos va a tener?

La vida en Novosibirsk es interesante. Aquí hay muchas universidades. Por eso, aquí viven estudiantes de diferentes ciudades. Mis amigos y yo vamos a teatros y cines, a conciertos y exposiciones.

Моё люби́мое зда́ние в го́роде – э́то но́вый бассе́йн. Краси́вый, не так ли? Как вы ду́маете, почему́ мне нра́вится э́то зда́ние? Нет, я не о́чень люблю́ пла́вать. Но я люблю́ стро́ить! На́ша компа́ния стро́ила э́тот бассе́йн. Стро́ить э́тот бассе́йн бы́ло о́чень тру́дно. Но сейча́с он о́чень большо́й и совреме́нный. Де́ти и взро́слые лю́бят здесь пла́вать зимо́й и ле́том. Как здо́рово!

Сего́дня мой день рожде́ния. Моя́ ма́ма звони́т мне и говори́т: «С днём рожде́ния, Андре́й! Я жела́ю тебе́ сча́стья! И получа́ть высо́кую зарпла́ту! Так ты мо́жешь жить, где хо́чешь. Наприме́р, на о́строве в океа́не, где всегда́ ле́то». А я отвеча́ю: «Ма́ма, я не хочу́ жить на о́строве, где всегда́ ле́то. Как я бу́ду стро́ить там дома́?»

Mi edificio favorito de la ciudad es la nueva piscina. Es bonito, ¿verdad? ¿Por qué creéis que me gusta este edificio? No, no me gusta mucho nadar. ¡Pero me gusta construir! Nuestra empresa construyó esta piscina. Construir esta piscina fue muy difícil. Pero ahora es muy grande y moderna. A niños y adultos les encanta nadar aquí en invierno y en verano. ¡Que bien!

Hoy es mi cumpleaños. Mi madre me llama y me dice: "¡Feliz cumpleaños, Andrey! ¡Te deseo felicidad! ¡Y obtener un salario alto! Así podrás vivir donde quieras. Por ejemplo, en una isla en el océano, donde siempre es verano". Y yo respondo: "Mamá, no quiero vivir en una isla donde siempre es verano. ¿Cómo voy a construir casas allí?".

Ejercicios - Упражнёния

----

1 Escoge la preposición correcta
Вы́берите пра́вильный предло́г

1. Ра́ньше я жил **в / на** ю́ге **в / на** го́роде Со́чи.
2. Я смотрю́ **в / у** окно́ **за / на** бе́лый го́род.
3. Тут живу́т студе́нты **для / из** ра́зных городо́в.
4. Мы **в / с** друзья́ми хо́дим **в / на** теа́тры и **в / на** конце́рты.
5. Моя́ ма́ма говори́т: «**С / Для** днём рожде́ния, Андре́й!»
6. Ты мо́жешь жить **в / на** о́строве **в / на** океа́не.

2 Escoge la respuesta correcta
Вы́берите пра́вильный отве́т

1. Где живёт Андре́й?
   a) в Сиби́ри b) на ю́ге Росси́и c) в столи́це Росси́и
2. Где живу́т роди́тели Андре́я?
   a) в Новосиби́рске b) на о́строве c) в Со́чи
3. Каки́е дома́ на се́вере?
   a) в них хо́лодно b) в них тепло́
   c) в них всегда́ есть бассе́йн
4. Что лю́бит Андре́й?
   a) пла́вать b) жить на о́строве c) когда́ идёт снег
5. Како́е его́ люби́мое зда́ние в го́роде?
   a) но́вый бассе́йн b) университе́т c) но́вый теа́тр

3 Completa las frases con las siguientes palabras:
Зако́нчите предложе́ния сле́дующими слова́ми:

о́строве / тёплое / зарпла́ту / зда́ние /
пла́вать / ве́тер

1. Снег и _____ для меня́ не пробле́ма.
2. Я надева́ю _____ пальто́ и ша́пку.
3. Како́е но́вое _____ мы бу́дем здесь стро́ить?
4. Де́ти и взро́слые лю́бят здесь _____ зимо́й и ле́том.
5. Ты мо́жешь жить на _____ в океа́не.
6. Я жела́ю тебе́ получа́ть высо́кую _____ .

4 Combina las columnas:
Соедини́те коло́нки:

1. Я живу́ здесь уже́ два   a. снег
2. Мне нра́вится, когда́ идёт   b. го́да
3. Здесь живёт бо́льше миллио́на   c. сча́стья
4. Лю́дям нужны́ но́вые   d. рожде́ния
5. Сего́дня мой день   e. дома́
6. Ма́ма жела́ет мне   f. челове́к

Soluciones:

Ejercicio 1: 1– на, в, 2–в, на, 3–из, 4–с, в, на, 5–С, 6–на, в
Ejercicio 2: 1-а, 2-с, 3-b, 4-с, 5-а
Ejercicio 3: 1–ве́тер, 2–тёплое, 3–зда́ние, 4–пла́вать, 5–о́строве, 6–зарпла́ту
Ejercicio 4: 1–b, 2–а, 3–f, 4–е, 5–d, 6–с

Ви́ктор, актёр в Москве́
Victor, un actor en Moscú

Vocabulario

1. фильм — película
2. иска́ть — buscar
3. дорого́й — caro
4. плати́ть — pagar
5. кварти́ра — apartamento
6. на неде́ле — entre semana, durante la semana
7. официа́нт — camarero
8. выходны́е — fin de semana
9. биле́т — entrada
10. напи́ток — bebida
11. за́нят (adj. corto) — ocupado
12. почти́ — casi
13. певе́ц — cantante
14. режиссёр — director (de cine)
15. роль — papel (en el cine)
16. ещё раз — otra vez, una vez más
17. повторя́ть — repetir
18. сло́во — palabra, línea (de un guíon)
19. дово́лен (adj. corto) — contento, feliz
20. когда́-нибудь — algún día
21. осо́бенный — especial
22. плака́т — póster
23. суббо́та — sábado
24. ма́льчик — niño, chico
25. прав (adj. corto) — tener razón, que tiene la razón

Виктор, актёр в Москве

Тебе нравится ходить в кино? Какие фильмы ты любишь смотреть? Виктор любит театр и кино. Поэтому он актёр. Раньше он жил в маленьком городе и работал в театре. В этом городе все знали Виктора. Сейчас он живёт в Москве. Здесь его никто не знает. Но это не проблема. Его мечта – быть актёром в кино.

Как искать работу в кино? Это нелегко. Жизнь в Москве дорогая. Виктор должен платить за квартиру и за еду. Поэтому на неделе он работает в ресторане. Он официант. А в выходные он работает в кинотеатре. Там он продаёт билеты, напитки и попкорн. Виктор всегда очень занят.

Víctor, un actor en Moscú

¿Te gusta ir al cine? ¿Qué películas te gusta ver? A Víctor le encanta el teatro y el cine. Por eso es actor. Antes vivía en una ciudad pequeña y trabajaba en un teatro. En esa ciudad todos conocían a Víctor. Ahora vive en Moscú. Aquí nadie lo conoce. Pero no es un problema. Su sueño es ser actor de cine.

¿Cómo buscar trabajo en cine? No es fácil. La vida en Moscú es cara. Víctor debe pagar por el apartamento y la comida. Por eso, entre semana trabaja en un restaurante. Es camarero. Y los fines de semana trabaja en un cine. Allí vende entradas, bebidas y palomitas. Víctor siempre está muy ocupado.

Виктору нравится жить в Москве. Здесь живёт почти пятнадцать миллионов человек! Здесь всегда есть что-то интересное. Сегодня Виктор идёт на концерт. Завтра он идёт в театр, а послезавтра – на выставку. Он уже знает много людей. Это актёры, певцы и режиссёры.

Однажды один режиссёр говорит ему: «Виктор, у меня есть для тебя маленькая роль в фильме. Это фильм о космосе. Ты хочешь работать с нами?» Виктор очень рад. Это его первая роль в кино! «Конечно, я хочу работать с вами», – говорит Виктор.

Сейчас Виктор должен работать ещё больше, чем раньше. Делать фильм очень весело. Режиссёр всегда говорит: «Нет! Мне не нравится. Давайте ещё раз». Актёры повторяют свои слова миллион раз. Виктор знает свои слова очень хорошо. Режиссёр доволен. Он

A Víctor le gusta vivir en Moscú. ¡Aquí viven casi quince millones de personas! Aquí siempre hay algo interesante. Hoy Víctor va a un concierto. Mañana va al teatro y pasado mañana a una exposición. Ya conoce a mucha gente. Son actores, cantantes y directores.

Un día, un director le dice: "Víctor, tengo un pequeño papel para ti en una película. Es una película sobre el espacio. ¿Quieres trabajar con nosotros?". Víctor está muy feliz. ¡Es su primer papel en el cine! "Claro que quiero trabajar con vosotros", dice Víctor.

Ahora Víctor tiene que trabajar aún más que antes. Hacer una película es muy divertido. El director siempre dice: "¡No! No me gusta. Vamos otra vez". Los actores repiten sus líneas un millón de veces. Víctor conoce muy bien sus líneas. El director está contento. Dice:

говорит: «Виктор, ты делаешь свою работу отлично. Когда-нибудь ты будешь звездой кино!»

Сегодня особенный день. Сегодня в кино идёт фильм о космосе. Это фильм, где работал Виктор. Он даже есть на плакате фильма! Сегодня суббота. Это значит, что Виктор работает в кинотеатре. Как всегда, он продаёт билеты, напитки и попкорн.

Один мальчик говорит: «Один билет на фильм о космосе, пожалуйста». Мальчик смотрит на плакат, а потом на Виктора, потом снова на плакат и снова на Виктора. Он спрашивает: «Вы актёр?» Виктор отвечает: «Да, я актёр, но сейчас я работаю в кинотеатре». Мальчик говорит: «Ну конечно, все актёры работают в кино». Виктор смеётся, потому что мальчик прав.

"Víctor, haces tu trabajo excelentemente. ¡Algún día serás una estrella de cine!".

Hoy es un día especial. Hoy hay una película sobre el espacio en el cine. Es la película donde trabajó Víctor. ¡Incluso está en el póster de la película! Hoy es sábado. Eso significa que Víctor está trabajando en el cine. Como siempre, vende entradas, bebidas y palomitas.

Un niño dice: "Una entrada para la película del espacio, por favor". El niño mira el cartel, y luego a Víctor, luego otra vez el cartel y otra vez a Víctor. Pregunta: "¿Es usted actor?". Víctor responde: "Sí, soy actor, pero ahora trabajo en el cine". El niño dice: "Bueno, claro, todos los actores trabajan en el cine". Víctor se ríe porque el niño tiene razón.

Ejercicios - Упражнёния

----

1 Escoge la preposición correcta
Выберите правильный предлог

1. Жизнь **в / на** Москве́ дорога́я.
2. Ви́ктор до́лжен плати́ть **на / за** кварти́ру.
3. Поэ́тому **в / на** неде́ле он рабо́тает **в / на** рестора́не.
4. **В / По** выходны́е он рабо́тает **в / на** кинотеа́тре.
5. **У / О** меня́ есть **за / для** тебя́ ма́ленькая роль **в / на** фи́льме. Ты хо́чешь рабо́тать **с / за** на́ми?
6. Сего́дня **в / на** кино́ идёт фильм **по / о** ко́смосе.

2 Escoge la respuesta correcta
Выберите правильный отве́т

1. Когда́ Ви́ктор рабо́тает в рестора́не?
   a) в выходны́е b) на неде́ле c) в суббо́ту
2. Где хо́чет рабо́тать Ви́ктор?
   a) в кино́ b) в теа́тре c) в кинотеа́тре
3. Что продаёт Ви́ктор?
   a) по́стеры фи́льмов b) биле́ты на вы́ставку
   c) биле́ты в кино́, напи́тки и попко́рн
4. Како́й фильм идёт в суббо́ту?
   a) фильм о ко́смосе b) фильм о Москве́ c) фильм о теа́тре
5. Кто смо́трит на плака́т в кинотеа́тре?
   a) роди́тели Ви́ктора b) режиссёр c) оди́н ма́льчик

3 Completa las frases con las siguientes palabras:
Закóнчите предложéния слéдующими словáми:

звездóй / людéй / раз / искáть /
плакáте / роль

1. Как _____ рабóту в кинó? Э́то нелегкó.
2. Ви́ктор дáже есть на _____ фи́льма!
3. Когдá-нибудь ты бýдешь _____ кинó!
4. Актёры повторя́ют свои́ словá миллиóн _____ .
5. Ви́ктор, у меня́ есть для тебя́ _____ в фи́льме.
6. Ви́ктор ужé знáет мнóго _____ .

4 Combina las columnas:
Соедини́те колóнки:

1. Ви́ктор всегдá óчень   a. вы́ставку
2. Жизнь в Москвé   b. зáнят
3. Здесь всегдá есть чтó-то   c. дорогáя
4. Послезáвтра он идёт на   d. интерéсное
5. Он рабóтает ещё бóльше, чем   e. вéсело
6. Дéлать фильм óчень   f. рáньше

Soluciones:

Ejercicio 1: 1–в, 2–за, 3–на, в, 4–В, в, 5–У, для, в, с, 6–в, о
Ejercicio 2: 1-b, 2-a, 3-c, 4-a, 5-c
Ejercicio 3: 1–искáть, 2–плакáте, 3–звездóй, 4–раз, 5–роль, 6–людéй
Ejercicio 4: 1–b, 2–c, 3–d, 4–a, 5–f, 6–e

Врач в Яку́тске
Un médico en Yakutsk

Vocabulario

1. больни́ца	hospital
2. лечи́ть	tratar, curar
3. опера́ция	operación
4. хиру́рг	cirujano
5. идеа́льный	perfecto, ideal
6. па́ра	pareja
7. помога́ть	ayudar
8. остано́вка авто́буса	parada de autobús
9. наконе́ц-то	por fin
10. пацие́нт	paciente
11. ре́дко	rara vez
12. боле́ть	doler, estar enfermo
13. го́рло	garganta
14. рука́	brazo, mano
15. живо́т	estómago, barriga
16. це́лый день	todo el día
17. реце́пт	receta
18. обе́дать	comer, almorzar
19. сло́жный	difícil
20. дере́вня	pueblo, aldea
21. вертолёт	helicóptero
22. принима́ть	recibir, tomar, aceptar
23. скуча́ть	echar de menos, extrañar
24. те́ло	cuerpo
25. лека́рство	medicina

Врач в Якутске

Наташа живёт в Якутске. Это город на севере России. Она врач и работает в больнице. Её муж Александр тоже работает в больнице. Наташа лечит детей. А Александр делает операции. Он хирург. Наташа и Александр – идеальная пара. Они любят помогать людям.

Каждый день Наташа и Александр встают рано. Они завтракают вместе и едут на работу на автобусе. Зимой в Якутске очень холодно. Минус 40 градусов по Цельсию! Поэтому остановки автобуса очень необычные. Они тёплые! Вот идёт их автобус. Наконец-то!

Un médico en Yakutsk

Natasha vive en Yakutsk. Es una ciudad en el norte de Rusia. Ella es doctora y trabaja en un hospital. Su marido Alexander también trabaja en el hospital. Natasha trata a los niños. Y Alexander realiza operaciones. Es cirujano. Natasha y Alexander son una pareja perfecta. Les encanta ayudar a la gente.

Todos los días, Natasha y Alexander se levantan temprano. Desayunan juntos y van al trabajo en autobús. En invierno hace mucho frío en Yakutsk. ¡Menos 40 grados centígrados! Por eso las paradas de autobús son muy inusuales. ¡Están calientes! Aquí viene su autobús. ¡Por fin!

В больни́це всегда́ мно́го пацие́нтов. Ната́ша и Алекса́ндр о́чень за́няты и ре́дко ви́дят друг дру́га. Пацие́нты говоря́т: «У меня́ боли́т го́рло. У меня́ боли́т рука́. У меня́ боли́т живо́т». Це́лый день Ната́ша разгова́ривает с пацие́нтами, задаёт вопро́сы и пи́шет реце́пты.

Ната́ша и Алекса́ндр ча́сто обе́дают вме́сте. В больни́це есть хоро́шее кафе́. Но иногда́ у Алекса́ндра нет вре́мени на обе́д, потому́ что он до́лжен де́лать сло́жную опера́цию. Рабо́та врача́ непроста́я. Жизнь челове́ка – э́то са́мое ва́жное в ми́ре.

На э́той неде́ле у Ната́ши осо́бая рабо́та. Не все её пацие́нты живу́т в го́роде. Не́которые пацие́нты живу́т в деревня́х далеко́ на се́вере. Ната́ша и други́е врачи́ лета́ют туда́ ка́ждые два ме́сяца на вертолёте. Они́ живу́т в дере́вне це́лую неде́лю и

En el hospital siempre hay muchos pacientes. Natasha y Alexander están muy ocupados y rara vez se ven. Los pacientes dicen: "Me duele la garganta. Me duele el brazo. Me duele el estómago". Durante todo el día, Natasha habla con pacientes, hace preguntas y escribe recetas.

Natasha y Alexander a menudo comen juntos. Hay una buena cafetería en el hospital. Pero a veces Alexander no tiene tiempo para la comida porque tiene que hacer una operación difícil. El trabajo de un médico no es fácil. La vida de una persona es lo más importante del mundo.

Esta semana Natasha tiene un trabajo especial. No todos sus pacientes viven en la ciudad. Algunos pacientes viven en pueblos lejos en el norte. Natasha y otros médicos vuelan allí cada dos meses en helicóptero. Viven en el pueblo una semana entera y reciben a los

принима́ют пацие́нтов. Лю́ди в дере́вне о́чень ра́ды. Ната́ша то́же ра́да. Она́ лю́бит помога́ть лю́дям. Но она́ скуча́ет по му́жу и сы́ну.

Сего́дня у́тром Ната́ша лети́т домо́й. Всю неде́лю она́ мно́го рабо́тала и ма́ло отдыха́ла. «Ма́ма! Как я рад, что ты сно́ва до́ма! – говори́т её сын. – Ты зна́ешь, сего́дня я не иду́ в шко́лу, потому́ что я боле́ю. У меня́ боли́т всё те́ло. Мне ка́жется, что у меня́ температу́ра. Я бу́ду отдыха́ть».

Ната́ша смо́трит на сы́на и говори́т: «Сего́дня у тебя́ ва́жный экза́мен по матема́тике, не так ли? Ты не хо́чешь идти́ в шко́лу, потому́ что пло́хо гото́вился. Я врач. Я всё зна́ю». Сын берёт свой рюкза́к и отвеча́ет: «Ка́жется, что мне уже́ лу́чше, ма́ма. Пока́!» Алекса́ндр смеётся: «Ты настоя́щий профессиона́л. Ты да́же уме́ешь лечи́ть пацие́нтов без лека́рств!»

pacientes. La gente del pueblo está muy contenta. Natasha también está contenta. Le encanta ayudar a la gente. Pero echa de menos a su marido y a su hijo.

Hoy por la mañana, Natasha vuela a casa. Toda la semana trabajó duro y descansó poco. "¡Mamá! ¡Qué contento de que estés en casa de nuevo!" dice su hijo. "Sabes, hoy no voy al colegio porque estoy enfermo. Me duele todo el cuerpo. Creo que tengo fiebre. Voy a descansar."

Natasha mira a su hijo y le dice: "Hoy tienes un examen de matemáticas importante, ¿no es así? No quieres ir al colegio porque te has preparado mal. Soy médico. Lo sé todo". El hijo coge su mochila y responde: "Parece que ya me siento mejor, mamá. ¡Hasta luego!". Alexander se ríe: "Eres un auténtico profesional. ¡Incluso sabes curar a los pacientes sin medicinas!"

Ejercicios - Упражнёния

1 Escoge la preposición correcta
Вы́берите пра́вильный предло́г

1. Они́ е́дут **в / на** рабо́ту **по / на** авто́бусе.
2. Це́лый день Ната́ша разгова́ривает **с / о** пацие́нтами.
3. Иногда́ **в / у** Алекса́ндра нет вре́мени **для / на** обе́д.
4. **В / На** э́той неде́ле **у / к** Ната́ши осо́бая рабо́та.
5. Пацие́нты живу́т **в / на** деревня́х далеко́ **в / на** се́вере. Врачи́ лета́ют туда́ **в / на** вертолёте.
6. Она́ скуча́ет **по / к** му́жу и сы́ну.

2 Escoge la respuesta correcta
Вы́берите пра́вильный отве́т

1. Кого́ ле́чит Ната́ша?
   a) взро́слых b) дете́й c) то́лько пацие́нтов в го́роде
2. Что де́лает Алекса́ндр в больни́це?
   a) рабо́тает в кафе́ b) ле́чит дете́й c) де́лает опера́ции
3. Куда́ лета́ет Ната́ша на вертолёте?
   a) в дере́вни на се́вере b) в больни́цу c) в столи́цу
4. Как до́лго она́ живёт в дере́вне?
   a) два ме́сяца b) два дня c) це́лую неде́лю
5. Почему́ сын Ната́ши не хо́чет идти́ в шко́лу?
   a) потому́ что в шко́ле хо́лодно b) потому́ что он боле́ет
   c) потому́ что у него́ экза́мен

3 Completa las frases con las siguientes palabras:
Зако́нчите предложе́ния сле́дующими слова́ми:

лека́рств / дру́га / хиру́рг / остано́вки / сло́жную / скуча́ет

1. Они́ о́чень за́няты и ре́дко ви́дят друг _____ .
2. В Яку́тске _____ авто́буса о́чень необы́чные.
3. Алекса́ндр до́лжен де́лать _____ опера́цию.
4. Ты уме́ешь лечи́ть пацие́нтов без _____ !
5. Ната́ша _____ по му́жу и сы́ну.
6. Алекса́ндр де́лает опера́ции. Он _____ .

4 Combina las columnas:
Соедини́те коло́нки:

1. В больни́це всегда́ мно́го   a. лю́дям
2. Они́ живу́т в дере́вне це́лую   b. пацие́нтов
3. Ната́ша лета́ет в дере́вню на   c. неде́лю
4. У меня́ боли́т всё   d. те́ло
5. Ната́ша лю́бит помога́ть   e. вертолёте
6. Она́ задаёт вопро́сы и пи́шет   f. реце́пты

Soluciones:

Ejercicio 1: 1–на, на, 2–с, 3–у, на, 4–На, у, 5–в, на, на, 6–по
Ejercicio 2: 1-b, 2-c, 3-a, 4-c, 5-c
Ejercicio 3: 1–дру́га, 2–остано́вки, 3–сло́жную, 4–лека́рств, 5–скуча́ет, 6–хиру́рг
Ejercicio 4: 1–b, 2–c, 3–e, 4–d, 5–a, 6–f

Ресторáн во Владивостóке
Un restaurante en Vladivostok

Vocabulario

1. ба́бушка	abuela
2. по́вар	cocinero
3. ку́хня	cocina
4. блю́до	plato
5. популя́рный	popular
6. секре́т	secreto
7. уме́ть	poder, saber hacer
8. гото́вить	cocinar, preparar
9. вку́сный	delicioso
10. клие́нт	cliente
11. проводи́ть вре́мя	pasar el tiempo
12. после́дний	último
13. восто́к	este
14. за́пад	oeste
15. по́езд	tren
16. пельме́ни	pelmeni, empanadillas
17. регио́н	región
18. све́жий	fresco
19. морепроду́кты	marisco
20. обожа́ть	adorar, amar
21. о́вощ	verdura
22. жа́реный	frito, asado
23. мя́со	carne
24. самолёт	avión
25. вообще́	en general

Ресторан во Владивостоке

Привет. Меня зовут Маттео, а это моя сестра Паула. Сейчас мы живём во Владивостоке. Мы итальянцы, но мы хорошо говорим по-русски. Наша бабушка русская. Она говорит с нами только по-русски. Поэтому мы всегда хотели жить и работать в России. Сейчас у нас есть ресторан во Владивостоке. Это очень далеко от Италии!

По профессии я повар, а моя сестра Паула – экономист. Поэтому я работаю на кухне, а Паула – директор ресторана. Конечно, мы готовим итальянские блюда. Самое популярное блюдо в нашем ресторане – это пицца. У меня есть свой секрет. Я умею готовить очень вкусную пиццу.

Un restaurante en

Hola. Me llamo Matteo y esta es mi hermana Paula. Ahora vivimos en Vladivostok. Somos italianos, pero hablamos bien ruso. Nuestra abuela es rusa. Ella habla con nosotros sólo en ruso. Por eso siempre quisimos vivir y trabajar en Rusia. Ahora tenemos un restaurante en Vladivostok. ¡Esto está muy lejos de Italia!

Mi profesión es cocinero y mi hermana Paula es economista. Por eso, yo trabajo en la cocina y Paula es la directora del restaurante. Por supuesto, cocinamos platos italianos. El plato más popular en nuestro restaurante es la pizza. Tengo mi propio secreto. Sé cocinar una pizza muy rica.

Наши клиенты всегда довольны. Они говорят «спасибо» и пишут хорошие комментарии в интернете. Вот один комментарий: «Повар в ресторане – настоящий итальянец! Поэтому пицца такая вкусная!» Я смеюсь и говорю: «Паула, вот почему клиенты любят нашу пиццу. Потому что я настоящий итальянец!»

Жизнь во Владивостоке интересная. У нас есть много друзей. Мы ходим в кино, занимаемся спортом и весело проводим время. Кроме того, во Владивостоке всегда есть туристы, потому что это последняя остановка Транссибирской магистрали. Люди здесь любят говорить, что это не последняя остановка, а первая! Солнце встаёт на востоке. Поэтому Транссибирская магистраль тоже начинается на востоке, а не на западе. А вы знаете, как долго идёт поезд от Владивостока до Москвы? Шесть дней!

Nuestros clientes siempre están contentos. Dicen "gracias" y escriben buenos comentarios en internet. Aquí está un comentario: "¡El cocinero del restaurante es un italiano auténtico! ¡Por eso la pizza está tan rica!". Me río y digo: "Paula, he aquí por qué a los clientes les encanta nuestra pizza. ¡Porque soy un italiano de verdad!".

La vida en Vladivostok es interesante. Tenemos muchos amigos. Vamos al cine, hacemos deporte y pasamos el tiempo felizmente. Además, en Vladivostok siempre hay turistas porque es la última parada del ferrocarril Transiberiano. A la gente aquí le gusta decir que no es la última parada, ¡sino la primera! El sol sale en el este. Por eso el Transiberiano comienza también en el este y no en el oeste. ¿Y sabéis cuánto tarda en ir el tren de Vladivostok a Moscú? ¡Seis días!

Я по́вар и коне́чно, я люблю́ вку́сную еду́. Про́бовать но́вую еду́ – моё хо́бби. Я хорошо́ зна́ю ру́сскую ку́хню. Э́то вку́сные супы́, пельме́ни и други́е интере́сные блю́да. Но ку́хня во Владивосто́ке осо́бенная. В ней есть о́чень мно́го блюд. Зна́ете почему́? Ра́ньше сюда́ е́хали лю́ди из ра́зных регио́нов Росси́и. Ка́ждый гото́вил свои́ блю́да. Кро́ме того́, здесь есть мо́ре. Поэ́тому во Владивосто́ке есть све́жая ры́ба и морепроду́кты.

Мои́ друзья́ ча́сто спра́шивают: «Матте́о, кака́я еда́ вкусне́е? Ру́сская и́ли италья́нская?» Э́то тру́дный вопро́с. Я люблю́ ра́зную еду́. Наприме́р, я обожа́ю све́жие о́вощи и жа́реное мя́со. А ещё я люблю́ япо́нскую ку́хню. Япо́ния нахо́дится недалеко́ отсю́да. Всего́ два часа́ на самолёте! А до́ма я ча́сто гото́влю испа́нские блю́да. И вообще́, са́мая лу́чшая еда́ в ми́ре – э́то еда́ мое́й ма́мы.

Soy cocinero y, por supuesto, me encanta la comida deliciosa. Probar comida nueva es mi hobby. Conozco la cocina rusa bien. Son sopas deliciosas, pelmenis y otros platos interesantes. Pero la cocina de Vladivostok es especial. Tiene muchos platos. ¿Sabéis por qué? Antes, aquí venía gente de diferentes regiones de Rusia. Cada uno cocinaba sus platos. Además, aquí hay mar. Por eso en Vladivostok hay pescado fresco y marisco.

Mis amigos a menudo preguntan: "Matteo, ¿qué comida es más rica? ¿La rusa o la italiana?". Es una pregunta difícil. Me gusta la comida variada. Por ejemplo, me encantan las verduras frescas y la carne frita. También me encanta la cocina japonesa. Japón no se encuentra lejos de aquí. ¡Solo a dos horas en avión! Y en casa a menudo preparo platos españoles. Y en general, la mejor comida del mundo es la comida de mi mamá.

Ejercicios - Упражнёния

- - - - - - - - - - - - - - - -

1 Escoge la preposición correcta
Вы́берите пра́вильный предло́г

1. У нас есть рестора́н **в / во** Владивосто́ке.
2. Э́то о́чень далеко́ **от / из** Ита́лии!
3. Со́лнце встаёт **в / на** восто́ке.
4. Как до́лго идёт по́езд **в / от** Владивосто́ка **до / по** Москвы́?
5. Ба́бушка говори́т **к / с** на́ми то́лько по-ру́сски.
6. Сюда́ е́хали лю́ди **из / до** ра́зных регио́нов Росси́и.

2 Escoge la respuesta correcta
Вы́берите пра́вильный отве́т

1. Кто гото́вит вку́сные пи́ццы?
   a) Матте́о b) Па́ула c) ба́бушка Матте́о и Па́улы
2. Как до́лго идёт по́езд от Владивосто́ка до Москвы́?
   a) два часа́ b) две неде́ли c) шесть дней
3. Почему́ ку́хня во Владивосто́ке осо́бенная?
   a) в ней нет ры́бы b) в ней мно́го блюд
   c) в ней то́лько све́жие о́вощи
4. Како́е са́мое популя́рное блю́до в их рестора́не?
   a) пи́цца b) ры́ба и морепроду́кты c) жа́реное мя́со
5. Кака́я еда́ са́мая лу́чшая для Матте́о?
   a) италья́нская b) ру́сская c) еда́ его́ ма́мы

3

Completa las frases con las siguientes palabras:
Зако́нчите предложе́ния сле́дующими слова́ми:

уме́ю / све́жая / настоя́щий / регио́нов /
за́паде / блю́да

1. Во Владивосто́ке есть _____ ры́ба.
2. Сюда́ е́хали лю́ди из ра́зных _____ Росси́и.
3. Со́лнце встаёт на восто́ке, а не на _____ .
4. Я _____ гото́вить о́чень вку́сную пи́ццу.
5. До́ма я ча́сто гото́влю испа́нские _____ .
6. По́вар в рестора́не – _____ италья́нец.

4

Combina las columnas:
Соедини́те коло́нки:

1. Мы ве́село прово́дим   a. отсю́да
2. Я обожа́ю жа́реное   b. вре́мя
3. Япо́ния нахо́дится недалеко́   c. по-ру́сски
4. Я по́вар и люблю́ вку́сную   d. мя́со
5. Ба́бушка говори́т с на́ми   e. секре́т
6. У меня́ есть свой   f. еду́

Soluciones:

Ejercicio 1: 1–во, 2–от, 3–на, 4–от, до, 5–с, 6–из
Ejercicio 2: 1-b, 2-c, 3-b, 4-a, 5-c
Ejercicio 3: 1–све́жая, 2–регио́нов, 3–за́паде, 4–уме́ю,
5–блю́да, 6–настоя́щий
Ejercicio 4: 1–b, 2–d, 3–a, 4–f, 5–c, 6–e

Notas

Notas

¿Conoces nuestro vídeo curso?

Aprende ruso ==por menos de 1 euro/día== con el mejor curso online

- ✓ ==150 vídeos==
- ✓ 350 páginas de material de estuio.
- ✓ Más de 250 audios con textos y diálogos.
- ✓ ==Tutor personal== para resolver tus dudas.

Visítanos y aprende ruso con los mejores

SistemaKalinka.com